UNA DONNA
de Marco Micone
est le sept cent quatre-vingt-huitième ouvrage
publié chez
VLB ÉDITEUR.

VLB éditeur bénéficie du soutien de la Société de développement des entreprises culturelles du Québec (SODEC) pour son programme d'édition.

Gouvernement du Québec – Programme de crédit d'impôt pour l'édition de livres – Gestion SODEC.

Nous reconnaissons l'aide financière du gouvernement du Canada par l'entremise du Programme d'aide au développement de l'industrie de l'édition (PADIÉ) pour nos activités d'édition.

Nous remercions le Conseil des Arts du Canada de l'aide accordée à notre programme de publication.

MIGRANCES
suivi de
UNA DONNA

DU MÊME AUTEUR

Gens du silence, théâtre, Montréal, Québec Amérique, 1982 ; Montréal, Guernica, coll. « Voix 12 », 1991.

Addolorata, théâtre, Montréal, Guernica, 1984.

Déjà l'agonie, théâtre, Montréal, l'Hexagone, coll. « Théâtre », 1988.

Two Plays, théâtre, Montréal, Guernica, 1988.

Le figuier enchanté, récit, Montréal, Boréal, 1992.

Beyond the Ruins, théâtre, Toronto, Guernica, 1995.

Trilogia, théâtre, Montréal, VLB éditeur, coll. « Théâtre », 1996.

Speak What, poésie, Montréal, VLB éditeur, coll. « Poésie », 2001.

Silences, théâtre, Montréal, VLB éditeur, coll. « Théâtre », 2004.

Traduction

La locandiera, de Carlo Goldoni, théâtre, traduction de l'italien par Marco Micone, Montréal, Boréal, coll. « Théâtre », 1993.

Les femmes de bonne humeur, de Carlo Goldoni, théâtre, traduction-adaptation de l'italien par Marco Micone, Montréal, VLB éditeur, coll. « Théâtre », 2000.

MARCO MICONE

Migrances

suivi de

Una Donna

Théâtre

vlb éditeur

VLB ÉDITEUR
Une division du groupe Ville-Marie Littérature
1010, rue de La Gauchetière Est
Montréal (Québec) H2L 2N5
Tél. : (514) 523-1182
Téléc. : (514) 282-7530
Courriel : vml@sogides.com

Maquette de la couverture : Christine Hébert

Catalogage avant publication de Bibliothèque et Archives Canada

Micone, Marco
Migrances ; suivi de, Una Donna
(Théâtre)
ISBN 2-89005-912-X
I. Titre. II. Titre : Una donna.
PS8576.I27M53 2005 C842'.54 C2004-941924-2
PS9576.I27M53 2005

DISTRIBUTEURS EXCLUSIFS :

- Pour le Québec, le Canada
et les États-Unis :
LES MESSAGERIES ADP*
955, rue Amherst
Montréal (Québec) H2L 3K4
Tél. : (514) 523-1182
Téléc. : (450) 674-6237
* Filiale de Sogides ltée

- Pour la Belgique et la France :
Librairie du Québec / DNM
30, rue Gay-Lussac, 75005 Paris
Tél. : 01 43 54 49 02
Téléc. : 01 43 54 39 15
Courriel : liquebec@noos.fr
Site Internet : www.quebec.libriszone.com

- Pour la Suisse :
TRANSAT SA
C. P. 3625, 1211 Genève 3
Tél. : 022 342 77 40
Téléc. : 022 343 46 46
Courriel : transat-diff@slatkine.com

Dépôt légal : 1er trimestre 2005
Bibliothèque nationale du Québec
Bibliothèque nationale du Canada

ISBN 2-89005-912-X

MIGRANCES

Migrances est une réécriture en profondeur de *Déjà l'agonie*.

À Philippe, à Alexandre

LES PERSONNAGES

FRANCO : le grand-père
MARIA : la grand-mère
LUIGI : le fils
DANIELLE : l'ex-femme de Luigi
NINO : le fils de Luigi et de Danielle

Première scène

Luigi et Nino

Fin des années 1980. Nuit d'été dans un village du sud de l'Italie.

Luigi. *(Il pose la main sur le carreau d'une fenêtre imaginaire.)* Quand tu étais petit, en hiver, nous posions nos mains sur le carreau, et le givre fondait. Avec ton doigt, tu dessinais une colline… et moi, je te parlais de mon enfance.

Nino. C'est où chez nous, papa ?

Luigi. Regarde, là, à droite, c'était la maison de mon oncle.

Nino. Elle n'a ni porte ni fenêtres !

Luigi. Mon oncle est en Argentine depuis trente ans…

Nino. Où est-ce que tu habitais ? C'est où, papa ? C'est où ?

Luigi. Par là, derrière l'église.

Nino. Quelle idée d'arriver la nuit ! Y a personne.

Luigi. On dirait que tout s'est arrêté… que rien d'autre n'existe à part toi et moi…

Nino. Je sens une odeur de brûlé.

Luigi. C'est le chaume qui brûle dans la vallée.

Nino. Y a de la poussière noire partout... j'en ai sur mes mains... sur ma chemise... quand est-ce qu'on arrive ?... c'est où chez nous, papa ?

Luigi. Là-bas, près de cette lumière qui vacille au vent.

Nino. Encore une maison sans porte ni fenêtres.

Luigi. C'est normal... c'est la vieille partie du village. Écoute... écoute...

Nino. J'entends rien... j'entends rien...

Luigi. Le ruisseau...

Nino. Tu entends un ruisseau ?

Luigi. Il coule à côté de chez nous... je t'y emmènerai demain.

Scène II

MARIA, FRANCO, LUIGI ET DANIELLE

Montréal, début des années 1970. Maria et Franco sont dans la cuisine. Arrive Luigi en compagnie de Danielle.

MARIA. C'est toi, Luigi ?

FRANCO. *(À son fils.)* Qu'est-ce que t'es venu faire ? Tu viens encore quêter de l'argent ? Même pas capable de payer ton loyer… *(Sans agressivité, comme par habitude.)* Fainéant… vaurien…

MARIA. Qui est avec toi ?

LUIGI. Je t'en ai parlé au téléphone… c'est Danielle.

MARIA. Danielle qui ?

DANIELLE. Danielle Cormier.

MARIA. Encore une Québécoise !

LUIGI. Elle a un oncle italien.

DANIELLE. Il vient de Florence.

FRANCO. Ton oncle est un menteur. On quitte pas Florence pour venir ici.

MARIA. Avez-vous mangé ?

LUIGI. *(Il sourit.)* Mais oui, maman.

MARIA. Dis-lui d'apprendre l'italien… notre italien. Le locataire s'en va dans deux mois… vous avez le temps de vous marier…

LUIGI. On habite…

FRANCO. *(Il interrompt Luigi.)* Elle le quittera avant… elle le quittera comme les autres…

LUIGI. *(Répondant à sa mère.)* On habite déjà ensemble.

MARIA. Vous habitez ensemble ? Sans être mariés ?

LUIGI. C'est pas pire que d'être mariés sans vivre ensemble…

FRANCO. Nous…

MARIA. *(L'interrompant.)* … on n'avait pas le choix.

FRANCO. C'est pour ça que tu as quitté la maison… pour faire à ta tête… pour nous faire honte ?… *(Il se dirige vers la sortie.)*

LUIGI. Papa ! T'en va pas… écoute-moi… tu comprends pas… pour nous, le mariage… viens t'asseoir… viens me parler… pourquoi tu me fuis ?… j'ai tellement de choses à te dire… *(Franco et Maria sortent. Il s'adresse à Danielle.)* Je l'ai pas vu jusqu'à l'âge de treize ans. La Belgique… la Suisse… le Venezuela… toujours seul… et après, on est tous venus ici… deux étrangers… nous sommes deux étrangers…

DANIELLE. Jamais j'aurais pu imaginer… tes parents… c'est comme s'ils étaient arrivés hier…

Scène III

NINO ET LUIGI

Italie, une nuit de juillet à la fin des années 1980.

NINO. *(Avec enthousiasme.)* J'entends un bébé qui pleure…

LUIGI. Il y en a deux… il y a deux bébés qui pleurent, Nino… qu'est-ce que je t'avais dit ?… tout le monde est couché… demain matin on sera réveillés par le crieur du village et j'irai acheter des figues et du muscat…

NINO. *(On entend des chats qui se chamaillent. Nino est très déçu.)* C'étaient des chats, papa… c'étaient des chats…

LUIGI. Voici la grand-place. Les jours de fête, les gens viennent de partout… là, au milieu, il y a l'orchestre et, tout autour, des jeux pour les enfants… on chante, on danse et on mange jusqu'au matin.

NINO. Où sont les fleurs ? Tu m'as dit qu'il y aurait des fleurs à tous les balcons.

LUIGI. Il va bientôt y avoir un orage… on pouvait pas les laisser dehors…

NINO. C'est pas vrai… le village est vide…

LUIGI. Il y a toi… il y a moi… il ne manque personne…

NINO. *(L'interrompant.)* T'aurais dû m'emmener quand le village était encore habité… quand il y avait encore du monde… je me serais fait des amis… pourquoi vous êtes tous partis ?

Scène IV

LUIGI, FRANCO ET MARIA

Montréal, début des années 1970. Franco et Maria sont debout près de deux valises.

LUIGI. Vous avez fait vos valises… vous partez ?

FRANCO. On n'a plus rien à faire ici.

MARIA. La maison du village risque de tomber… il faut aller la réparer…

FRANCO. *(Cette réplique chevauche une partie de la précédente.)* … nous rentrons chez nous… tout ce qui se passe ici ne m'intéresse pas… ne me concerne pas… je suis personne ici… j'ai besoin de vivre le reste de mes jours là où j'ai des souvenirs… là où ce que je vois est aussi à l'intérieur de moi…

LUIGI. Tu entends, maman ? Il reviendra plus jamais. Il va t'obliger à rester au village… tu l'as toujours détesté le village… tu as toujours dit que c'était pas pour les femmes… pourquoi tu y vas ?… laisse-le partir… il sera mieux tout seul… il a toujours préféré être seul… pars pas, maman… tu le sais que t'es mieux ici… qu'est-ce que tu vas faire dans un amas de pierres ?… reste… je vais venir te voir tous les jours… laisse-le partir seul…

MARIA. Je lui ferai jamais ça. Je re… nous reviendrons…

LUIGI. Il t'a toujours menti… c'est comme pour l'Argentine… il devait y rester six mois… combien d'années on l'a attendu ?… combien d'années ?…

Scène V

LUIGI ET NINO

Italie, une nuit de juillet à la fin des années 1980.

LUIGI. C'est ici, devant la maison de Cristina, qu'on faisait les feux de la Saint-Antoine… elle restait là sur son balcon, tandis que, moi, je m'assoyais ici et la regardais soir après soir.

NINO. *(Troublé par ce que son père vient de raconter.)* T'es déjà venu ici avec maman ?

LUIGI. Une seule fois… on est repartis le lendemain. Qu'est-ce que tu fais ? Pourquoi tu t'arrêtes ?

NINO. C'est trop sombre.

LUIGI. Marchons plus vite… la rue est plus éclairée par là…

NINO. Il y avait encore du monde et vous êtes restés une seule journée ?

LUIGI. On était arrivés comme maintenant… très tard, la nuit… tout le monde était couché… on avait laissé l'auto près de la fontaine pour ne pas faire de bruit… et on avait marché jusqu'à cette porte-là… c'est là que je suis né… ta mère était à côté de moi, comme toi… j'ai penché la tête et je suis entré… j'ai monté l'escalier dans le noir, ouvert la porte et allumé. Une ampoule jaunâtre suspendue au plafond éclairait juste assez pour voir les chiures de mouches incrustées sur le fil torsadé. Rien n'avait changé : la table bancale, les quatre chaises paillées, la huche à pain près de la cheminée et, dans la vallée, le chaume qui brûlait. Tout était comme avant. Ta mère, sur le balcon, regardait les vagues de feu remonter la colline en répétant : « Comme c'est beau ! Comme c'est beau ! » Je me suis rappelé les soirs d'hiver dans le noir, le pain rassis et l'eau qui gelait dans le pichet sur la table de nuit. J'ai entendu ta mère dire encore une fois : « Comme c'est beau ! » Il se faisait tard, je ne tenais plus debout, je me suis assis sous la lumière tremblotante et j'ai revu ma grand-mère recroquevillée près de la cheminée tisonnant une braise presque éteinte, ma sœur brodant son ennui sur l'interminable trousseau et moi, devant mon livre d'histoire, apprenant à haïr les Autrichiens pour ensuite courir servir la messe. C'est à ce moment-là que ta mère est entrée et, voyant mon visage assombri, elle a à peine réussi à balbutier : « Comme c'est... » *(Courte pause.)* Nous sommes repartis le lendemain sans avoir fermé l'œil de la nuit... *(Pause.)*

NINO. Si tu décides de repartir demain, papa, moi, ça m'est égal.

Scène VI

Danielle et Luigi

Montréal, début des années 1970. Danielle et Luigi consultent leur agenda.

Danielle. Demain soir, j'ai une réunion du Comité de la condition féminine du parti.

Luigi. Demain soir? Moi, j'ai une réunion du Comité d'appui aux réfugiés politiques.

Danielle. Lundi soir, rencontre avec le responsable de notre comité.

Luigi. Fondation d'un journal alternatif.

Danielle. Mardi soir, nous sommes à la même réunion pour la traduction en italien du programme du parti.

Luigi. J'ai décidé de ne pas venir.

Danielle. Tu me l'avais promis.

Luigi. Je peux pas traduire un programme avec lequel je suis pas complètement d'accord. Je vais vous envoyer quelqu'un...

Danielle. Mercredi, il y a la manifestation en faveur du français.

LUIGI. Moi, j'ai deux réunions en même temps.

DANIELLE. Jeudi, je prononce une conférence devant tous les délégués du parti.

LUIGI. Jeudi ? Mais jeudi, c'est notre anniversaire... notre premier anniversaire... j'ai invité des amis... je croyais que...

DANIELLE. Je peux vraiment pas... c'est très important pour moi...

LUIGI. Alors, nous fêterons vendredi.

DANIELLE. Tu as oublié que nous sommes à la même réunion... *(Silence, puis elle reprend, enthousiaste.)* Quelle belle manifestation hier soir ! Il y avait au moins dix mille personnes.

LUIGI. J'ai jamais vu autant d'immigrants.

DANIELLE. Ni autant de femmes. Il se passe quelque chose qu'on saisit pas encore... quelque chose de très important... hier soir, c'était évident... c'était palpable... on n'a plus de temps à perdre... on l'a vu hier soir... tout le monde est prêt pour un changement... un vrai changement... plus rien ne sera comme avant... ça se voyait dans les yeux des gens... ça fait si longtemps qu'on attend... *(Elle regarde sa montre.)* Il est déjà sept heures ? Ma réunion commence dans quinze minutes. Il faut que je parte.

LUIGI. Je voulais te parler du voyage qu'on s'était promis de faire au mois de février... pour nos vacances...

DANIELLE. Bonne idée... on devrait aller en Amérique du Sud.

LUIGI. En Amérique du Sud ? J'irai jamais financer des régimes militaires.

DANIELLE. Une de mes amies est allée en République dominicaine… elle m'en a dit beaucoup de bien.

LUIGI. Te vois-tu en train de manger dans un restaurant pendant que des enfants en haillons te regardent avec leurs yeux écarquillés, le nez écrasé sur la vitrine ?

DANIELLE. Retournons à Cuba alors !

LUIGI. Encore ?

Scène VII

Luigi, Maria, Franco et Nino

Une nuit de juillet, fin des années 1980. Luigi et Nino sont au village avec Franco et Maria.

Luigi. T'es au village depuis quinze ans, maman… tu devais y rester deux mois… je te l'avais dit qu'il repartirait jamais.

Maria. On a été bien ici.

Luigi. Tu serais venue, toi… *(Parlant de son père.)* C'est lui qui t'a pas laissée partir… c'est lui qui t'en a empêchée…

Maria. Et toi, pourquoi t'es pas venu avant ?

Luigi. Je pouvais pas… je pouvais pas quitter mon travail…

Franco. *(Moqueur.)* Tu pouvais pas quitter ton travail… tu travailles, toi ? *(Comme par habitude.)* Fainéant… vaurien…

Nino. Allons-nous-en, papa.

Luigi. J'ai toujours travaillé, quoi que tu en penses…

Franco. Du temps perdu… Qu'est-ce que ça t'a donné ?

Luigi. Rien… rien de ce qui compte pour toi.

FRANCO. Tant d'années d'études pour rien ! Tu fais un travail que n'importe quel idiot pourrait faire.

NINO. Pourquoi tu restes, papa ?

LUIGI. Je fais un travail que j'aime, que je ferai toute ma vie... je m'occupe d'immigrants... d'immigrants comme toi, qui ont besoin de quelqu'un qui les comprend, qui les aide et qui les défend... des gens comme toi et maman... si tu t'étais intéressé à moi... si tu t'étais intéressé à mon travail, tu aurais compris que ce que je fais est nécessaire... important... t'aurais peut-être été fier de moi... tu m'aurais pas fui... tu serais pas venu t'isoler ici...

FRANCO. Je suis ici parce que c'est chez moi.

MARIA. Et c'est aussi chez toi, Luigi.

LUIGI. Je ne sais pas où c'est, chez moi... je sais seulement que ce n'est pas qu'un endroit et qu'il me manque toujours quelque chose, peu importe où je suis... c'est quand je vais ailleurs que j'ai l'impression que, là où j'étais, c'était un peu chez moi.

FRANCO. Si tu avais réussi à avoir une maison à toi... une famille... une vraie famille...

LUIGI. *(Luigi se tourne vers Nino.)* Quelle chaleur ! Je meurs de soif. Viens, Nino, viens à la fontaine. *(Ils sortent.)*

MARIA. Sa famille, c'est nous... c'est Nino... on pourra pas vivre toujours éloignés...

FRANCO. On sera toujours ensemble, toi et moi.

Scène VIII

NINO ET LUIGI

Italie, fin des années 1980. Luigi et Nino devant la fontaine.

NINO. La fontaine est tarie, papa. *(Luigi, transporté par ses souvenirs, ne l'entend pas.)*

LUIGI. Cristina venait à la fontaine, chaque jour, à la même heure... elle remplissait sa cruche d'eau et sa mère la lui posait sur la tête comme un diadème... elle portait des sandales rouges et une robe qui ondulait à chacun de ses pas... elle était blonde... la seule blonde du village... le jour où la cruche d'eau s'est renversée sur elle et la robe s'est collée à sa peau, j'ai prié tous les saints du paradis pour qu'elle reste immobile pour toujours comme une cariatide...
Les mêmes sandales rouges... les mêmes cheveux blonds... la même robe collée à la peau... c'était l'été pendant une manifestation... il y avait des milliers de personnes... un orage venait d'éclater... je suis allé me réfugier sous un arbre... elle a reculé pour me faire de la place... c'était ta mère mouillée de la tête aux pieds...

NINO. La fontaine est tarie.

LUIGI. L'eau reviendra à la prochaine pluie.

NINO. Ça sert à rien, les femmes ne reviendront plus.

LUIGI. C'est ici... c'est ici que l'autobus s'arrêtait... il s'arrêtait toujours ici... une fois par mois, pour nous emmener... Au début, il n'emmenait que les hommes...

NINO. « ... quatre ou cinq à la fois... puis des familles entières. Le jour avant mon départ, j'étais allé me cacher à la campagne sous la paillote... j'avais apporté du pain et du fromage pour pouvoir y rester quelques jours... deux heures après, je participais au souper d'adieux chez mon oncle. » Je les connais par cœur tes histoires... tu me les as racontées cent fois... T'aurais dû venir tout seul, papa.

LUIGI. Je voulais que, dans mes yeux, tu voies la grand-place grouillante de monde, les enfants courir partout dans le village et la fontaine assaillie par les femmes... comme quand tu étais petit et que, en hiver, tu dessinais une colline sur le carreau givré pendant que je te parlais de mon enfance...

Scène IX

LUIGI ET DANIELLE

Montréal, début des années 1970. Luigi et Danielle sont dans leur appartement à Montréal. Danielle est enceinte.

LUIGI. C'est le premier soir en trois mois, ma chérie, que tu n'as ni réunion ni manifestation.

DANIELLE. Tu as mis un tableau sur ce mur ?

LUIGI. Moi ? Moi, j'aurais mis cette image de vieillard édenté, portant une chemise à carreaux et une ceinture fléchée… et qui se berce devant un rideau de catalogne ?

DANIELLE. C'est horrible.

LUIGI. C'est un cadeau de ton père.

DANIELLE. Il faut s'en débarrasser.

LUIGI. *(Moqueur.)* Mademoiselle Cormier a sans doute oublié que chaque tableau cache un trou ou une lézarde. Mademoiselle n'est plus dans son palais de Laval-sur-le-Lac entouré de saules pleureurs et de magnolias, mais dans le Mile-End, au-dessus d'un dépanneur chinois, entre une rôtisserie grecque et une poissonnerie portugaise.

DANIELLE. Sortons, j'ai pas envie de rester ici toute la soirée.

LUIGI. Comme tu n'as ni réunion ni manifestation ce soir, je t'invite à me suivre pour une visite guidée de notre appartement. Voici donc, devant nous, la cuisine et la table vermoulue où nous prîmes, en tête-à-tête, un succulent repas de riz et de lentilles, il y a exactement cinquante-six jours. Et à droite, cette chambre sans fenêtres, où gît, à même le plancher, ce vieux matelas laminé, est la preuve irréfutable de ta sincère autant qu'émouvante conversion à la pauvreté. Enfin, ici à gauche, ce divan bancal, du plus pur style Emmaüs, pleure la perte d'un de ses coussins déchiqueté par des rongeurs transculturels de nos égouts cosmopolites. C'est ton salon, ma chérie ! *(Courte pause.)* Tu as raison, sortons d'ici, sortons vite ! Quelle belle soirée ! Un temps idéal pour aller manifester... nous deux, tout seuls... Nous devrions aller là où nous nous sommes rencontrés : devant le consulat américain ou, si tu veux, devant la Bourse... à moins que tu ne préfères qu'on manifeste chacun de notre côté : toi contre les écoles anglaises *(provocateur)*, moi contre la loi 101...

DANIELLE. *(Blessée.)* Tu ferais ça ? Tu ferais ça ?

LUIGI. *(Momentanément affectueux.)* Fais-moi caresser ton ventre et écouter le cœur du bébé.

DANIELLE. Il faut déménager... il faut changer de quartier... je veux pas que mon bébé naisse dans ce taudis.

LUIGI. *(Ironique.)* Tu as raison, une année dans ce cloaque suffit... cessons de nous approprier ce qui ne nous appartient pas... rendons la pauvreté aux pauvres...

DANIELLE. Je ne supporte plus cette odeur écœurante des rôtisseries, j'en ai assez de me faire siffler dans la rue par des immigrants en rut, d'acheter le poisson chez un Portugais, les fruits chez un Italien, les fleurs chez un Chinois et de me faire parler en anglais... toujours en anglais. Je veux que mon enfant grandisse parmi des Québécois... de vrais Québécois.

LUIGI. *(Ironique.)* Nous saurons le protéger, ma chérie, ne t'inquiète pas... nous ferons tout pour qu'il ne soit pas contaminé... nous le tiendrons loin des Romano et des Romanov, des Nguyen et des Gomez, des Dimitri et des démunis. Notre enfant, je te le promets, restera pur et sans accent, et grandira dans la haine des Anglais, des pauvres et des immigrants...

Scène X

NINO ET MARIA

Italie, fin des années 1980. Nino et Maria sont sur le balcon. Une cage à oiseaux est suspendue à un crochet.

NINO. Une hirondelle... elle est morte... je l'ai trouvée près du ruisseau.

MARIA. *(On entend des coups de tonnerre au loin.)* C'est ici, sur ce balcon, que ton père attrapait les oiseaux et ensuite il les mettait dans cette cage.

NINO. C'était mon histoire préférée quand j'étais petit.

MARIA. Ton père était heureux ici. Il y avait encore du monde au village et, à la brunante, le ciel devenait une volière.

NINO. Je veux m'en aller... je veux plus rester ici... j'en peux plus de ce village abandonné, de ce silence de mort, de ces maisons : on dirait des crânes géants avec leurs portes et leurs fenêtres défoncées... je veux rentrer chez moi... retrouver mes amis... j'ai personne ici... où est mon père ?... s'il veut pas rentrer avec moi, je vais partir tout seul...

MARIA. *(L'orage se rapproche, les grondements du tonnerre sont plus forts.)* Nous t'attendons depuis si longtemps, ton grand-père et moi. Tu peux pas nous faire ça.

NINO. Je peux pas vous faire ça ? En quinze ans, vous êtes pas venus me voir une seule fois, et tu me dis que je peux pas vous faire ça ? Toi, grand-maman, au moins toi... tu aurais pu venir... pourquoi t'es pas venue ?

MARIA. Je pouvais pas laisser ton grand-père tout seul.

NINO. C'est pas vrai... je te crois pas... t'es pas venue parce que j'étais pas assez important pour toi...

MARIA. Regarde ! Regarde l'hirondelle là-haut, sur le clocher... elle ne vivra pas longtemps maintenant qu'elle est seule. *(On entend le tonnerre de plus en plus fort.)* Encore de la grêle ! Elle va tout détruire... *(Les cloches commencent à sonner.)* Va aider ton grand-père à sonner les cloches.

Les cloches de l'église sonnent pendant un long moment.

Scène XI

FRANCO ET NINO

Franco et Nino sont dans le clocher pendant l'orage.

FRANCO. Tu peux arrêter, l'orage est terminé.

NINO. Ça a marché ! On a réussi ! Je veux voir les cloches de près, grand-papa, je veux les toucher.

FRANCO. L'escalier est derrière nous. Je t'attends ici.

NINO. Je veux que tu montes avec moi.

FRANCO. Passe devant, je te suis.

NINO. Es-tu déjà monté jusqu'en haut ?

FRANCO. Une seule fois.

NINO. Avec papa ?

FRANCO. Il n'était pas encore né.

NINO. Je vais l'emmener demain.

FRANCO. Encore quelques marches et on est arrivés.

NINO. Je les vois, les cloches... y en a trois... y en a une plus grande que moi... On est tellement haut ! On voit tellement loin ! Les nuages... je peux presque toucher les nuages. Ton village, grand-papa, on dirait une crèche tellement il est petit. Je vois ta maison. C'est celle avec la grande cheminée. Regarde… regarde cette plaque… il y a ton nom. Le curé te remercie d'avoir sauvé… qu'est-ce que tu as sauvé, grand-papa ? Je réussis pas à lire le dernier mot. Qu'est-ce qu'il y avait d'écrit ? Tu frissonnes, grand-papa. Mets-toi à l'abri. Qu'est-ce que tu as sauvé ?

FRANCO. Ça n'a plus d'importance.

NINO. Tu parais étourdi, grand-papa… assieds-toi… assieds-toi…

FRANCO. J'aurais pas dû remonter ici.

NINO. Qu'est-ce que tu as sauvé ? Pourquoi tu pâlis ?

FRANCO. Ça fait si longtemps ! Je voulais leur montrer… je voulais leur montrer qu'ils me faisaient pas peur…

NINO. Qui ? Tu frissonnes de plus en plus.

FRANCO. On pouvait plus continuer comme ça… J'ai froid tout à coup…

NINO. Il y a un courant d'air ici… mets-toi derrière la colonne…

FRANCO. Ils nous terrorisaient depuis si longtemps… il fallait que…

NINO. *(Il l'interrompt.)* … donne-moi tes mains, je vais les réchauffer…

FRANCO. … il fallait que quelqu'un leur dise non une première fois… c'est pour ça que je suis monté ici. Tout était devenu si triste que, les soirs d'hiver, quand le vent s'engouffrait dans les ruelles, on entendait le village pleurer.

NINO. Prends ma chemise, mets-la sur tes épaules… j'ai pas froid, moi…

FRANCO. Ils voulaient emporter les cloches pour en faire des canons.

NINO. Voilà, tu n'auras plus froid maintenant.

FRANCO. Quel calme ! Il n'y a pas plus grand calme qu'après un orage… pas un seul bruit… pas un chien qui aboie… même les cigales se taisent… comme ce soir-là… juste après le coucher du soleil… les rues étaient désertes… les lumières éteintes… les volets fermés… la lune cachée par un nuage… tout le monde savait qu'ils s'en venaient… ils s'en venaient tuer le village en emportant sa musique… depuis si longtemps, ils violaient les femmes et humiliaient les hommes… le jour où ils sont venus pour voler les cloches, j'ai pris le fusil de mon père et je suis venu ici… au loin, j'entendais le bruit des bottes et les ordres gueulés par les chefs… au moment où ils traversaient la grand-place, j'ai tiré deux coups… ils se sont arrêtés un instant, puis ont repris leur marche… ils étaient une cinquantaine, tout noirs… comme des corbeaux… lorsqu'ils ont défoncé la porte de l'église, j'ai fait sonner les cloches si fort qu'on les a entendues dans toute la région… aussitôt les villages se sont vidés et une marée de paysans est montée de la vallée et a chassé les corbeaux en chantant. *(Courte pause.)* Le lendemain matin, j'ai trouvé Maria pleurant dans sa robe déchirée.

Franco descend du clocher en courant.

NINO. Attends grand-papa, laisse-moi descendre devant… appuie-toi sur moi…

Scène XII

DANIELLE, LUIGI ET NINO

Italie, fin des années 1980.

DANIELLE. Je suis venue chercher Nino… ç'a été vraiment très difficile d'arriver jusqu'ici… la route qui mène au village est en si mauvais état… je n'ai pas croisé une seule auto… il n'y a personne nulle part… je n'ai entendu que les braiments déchirants d'un âne… j'en ai encore la chair de poule… rien n'exprime mieux la solitude qu'on ressent ici… *(Courte pause.)* Je suis étourdie… c'est sans doute à cause de la chaleur… je meurs de soif… donne-moi de l'eau… *(Luigi lui tend un pichet. Elle se verse de l'eau sur la tête, puis en boit.)* Le même goût de soufre qu'il y a quinze ans… quelle chaleur ! j'avais oublié qu'il peut faire aussi chaud… tu ne dis pas un mot… on s'est pas parlé pendant si longtemps… *(Courte pause.)* On a eu un fils… on est restés ensemble presque cinq ans… on a vécu de beaux moments…

LUIGI. *(Ironique.)* Des manifestations, des distributions de tracts, des bagarres avec la police… et des réunions, des réunions, toujours des réunions…

DANIELLE. On a fait ce en quoi on croyait. On avait des idéaux. On croyait pouvoir changer beaucoup de choses.

LUIGI. On était convaincus d'avoir la recette d'une société parfaite, mais on n'avait pas celle pour vivre à deux.

DANIELLE. Trop de choses nous séparaient…

LUIGI. Les mêmes pour lesquelles nous avions décidé de vivre ensemble.

DANIELLE. Tu étais si différent de tous ceux que j'avais connus… j'étais fascinée par toi… et puis, avec le temps, je n'ai plus supporté de t'entendre dire que dans mon parti il y avait un tiers de racistes, un tiers de petits-bourgeois réactionnaires et que le reste était un ramassis d'opportunistes avides de pouvoir.

LUIGI. Je te demande pardon… je crois m'être trompé sur les proportions.

DANIELLE. *(Elle encaisse le coup.)* Tu n'as jamais essayé de comprendre combien était importante pour moi la cause que je défendais… tu n'as jamais pensé qu'elle pouvait être aussi légitime que la tienne… quand je pense que tu me reprochais de vouloir diviser la classe ouvrière… la classe ouvrière canadienne…

LUIGI. Tu m'as jamais vraiment aimé… après tes voyages de solidarité prolétarienne à Cuba, ton stage de bourgeoise contrite dans un quartier pauvre, la mode voulait que tu passes quelque temps avec un immigrant… n'importe lequel… pour que tu expies des générations de xénophobie.

DANIELLE. Tu te trompes… je t'ai aimé… je t'ai aimé au point où je n'ai jamais réussi à vivre avec un autre homme.

LUIGI. Toi, avec UN *(s'arrêtant sur « un »)* autre homme ? Il t'en faut toujours plusieurs à la fois…

DANIELLE. Tu me reproches ce que tu t'es toujours permis. *(Courte pause.)* Où est Nino ? Comment a-t-il fait pour rester deux semaines ici ? Va le chercher. J'aimerais partir le plus tôt possible. On va passer deux jours à Venise et ensuite on rentre. J'ai beaucoup à faire… j'ai du travail qui ne peut pas attendre…

LUIGI. Encore des élections ?

DANIELLE. J'ai démissionné du parti. Je m'occupe de l'entreprise de mon père. Il a fait un infarctus deux jours après votre départ…

LUIGI. *(Moqueur et méprisant.)* L'entreprise de ton père… l'entreprise de ton père… c'est tout ce qui te reste de tes idéaux ?… c'est ça le pays dont tu rêvais ?… le peuple que tu voulais libérer ?… les deux cents ans d'histoire que tu voulais venger ?… il ne reste que ça ?… une entreprise d'entretien ménager… une cinquantaine d'immigrants qui partent le matin avec leurs torchons pour un salaire de crève-faim ?… *(Avec un rire moqueur.)* Au lieu de le libérer, le pays, tu as décidé de le nettoyer ?

DANIELLE. J'ai fait ma part… quand je regarde autour de moi… quand je vois le chemin parcouru, je suis contente de ce qui a été fait… et on aurait pu faire beaucoup plus, s'il n'y avait pas eu des gens comme toi pour nous dénigrer… pour nous traiter d'arriérés, de revanchards et de racistes…

NINO. *(Il arrive en courant, tenant dans la main la cage avec l'oiseau.)* J'ai attrapé l'hirondelle… je l'ai attrapée pour grand-maman et grand-papa… *(Voyant sa mère.)* Maman ? T'es déjà ici ?

DANIELLE. Je suis venue comme tu me l'as demandé.

NINO. Oui, mais pas si tôt…

DANIELLE. J'ai dû changer mes plans… j'avais tellement hâte d'arriver… j'aurais jamais dû accepter que ton père t'emmène ici… il y a quinze ans, il y avait encore quelques personnes… et avec cette chaleur… je suis venue te chercher… on va rentrer le plus tôt possible… j'ai une grande nouvelle à t'annoncer… avant de venir, j'ai acheté une très belle maison juste à côté de celle de ton ami Olivier… il y a un système de son et un cinéma maison au sous-sol et j'ai fait construire une rampe de skate-board dans la cour, à côté de la piscine… si tu voyais la piscine…

NINO. *(Il interrompt sa mère.)* … il y a une maison ici, près de l'église… c'est celle avec un platane devant… si elle est trop petite, on en trouvera une plus grande… il y a tellement de maisons vides… j'en ai vu une autre, très grande… du balcon, on voit toute la vallée… on peut faire le tour du village si tu veux et en choisir une ensemble… si t'es trop fatiguée, maman, on peut y aller plus tard… ou demain…

DANIELLE. Demain, j'aimerais que nous partions de bonne heure.

NINO. Je partirai pas tant que j'aurai pas attrapé une autre hirondelle. Je veux pas que celle-ci meure.

DANIELLE. Tu as passé l'été dernier avec ton père, celui-ci, il faut que tu le passes avec moi.

LUIGI. *(À l'intention de Nino.)* L'été dernier, elle a préféré le passer avec son nouvel amant.

DANIELLE. Et toi, avec qui as-tu passé toutes ces années pendant lesquelles tu as presque pas vu ton fils ?

LUIGI. C'est toi qui n'as pas voulu que je le voie, même si tu l'as fait garder un soir sur deux.

DANIELLE. Avec toi, ç'aurait été tous les soirs.

NINO. Assez ! Assez ! Allez-vous-en tous les deux… je veux plus vous voir… pourquoi vous m'avez mis au monde, si vous vouliez pas vous occuper de moi ? Pourquoi ? *(Il sort en courant.)*

LUIGI. Où vas-tu, Nino ? Attends-moi.

Scène XIII

LUIGI ET NINO

Luigi et Nino sont dans le clocher. On entend les petites cloches sonner quelques coups.

LUIGI. Qui t'a montré comment monter dans le clocher ?

NINO. Grand-papa… c'est lui qui a sauvé les cloches… c'est écrit ici, sur la plaque.

LUIGI. *(Lisant l'inscription sur la plaque.)* Il m'a jamais rien dit.

NINO. Regarde tous ces villages vides ! Pourquoi vous êtes tous partis ? Il fallait monter dans les clochers… vous auriez vu qu'il y a de la place pour tout le monde… il fallait faire comme grand-papa… c'est pour ça qu'il est rentré, lui…

LUIGI. Tu peux pas savoir… t'as pas vécu sur cette colline, toi.

NINO. Qu'est-ce qui vous manquait ? Qu'est-ce qui vous manquait ?

LUIGI. Tout ici n'a été qu'une lumière qui vacille au vent.

NINO. Imagine, papa, le village plein de gens… comme quand tu étais petit… imagine que je sois né ici… aujourd'hui, on fêterait le saint patron avec de la musique et des feux d'artifice… le ruisseau ne serait pas empoisonné… et, dans le ciel, il y aurait des centaines d'hirondelles... imagine... on habiterait à côté de grand-maman et grand-papa... toi, maman et moi, on serait dans la même maison depuis quinze ans... on serait ensemble tous les matins... tous les soirs... toi, moi et maman... toi, moi et maman...

LUIGI. *(Pause.)* Il se fait tard... descendons...

NINO. Une hirondelle ! Une hirondelle ! Regarde, elle s'est posée sur l'une des cloches... il faut que je l'attrape...

Scène XIV

Luigi, Franco, Maria et Nino

Italie, fin des années 1980.

Luigi. Je pars demain.

Franco. Avec Nino ?

Luigi. Oui, avec Nino. *(Franco se dirige vers la sortie.)* Pourquoi tu t'en vas ? Je suis ton fils… je suis près de toi… c'est peut-être la dernière fois qu'on se voit…

Maria. Partons avec lui.

Franco. C'est pas pour nous là où il va… là-bas nous serons toujours des étrangers… Chez nous, c'est ici.

Maria. Chez nous, c'est là où sont Nino et Luigi.

Franco. Je ne laisserai pas mourir le village… il ne mourra pas avant moi.

Luigi. Tu as été si longtemps absent… tu es parti quand il y avait encore du monde… quand les maisons étaient habitées…

Franco. C'est pour ça que je suis parti… je pouvais plus sortir sans me faire insulter. Pourtant, au début, ils étaient tous contents parce que j'avais réussi à sauver les cloches… ils m'ont même porté en triomphe… Ils savaient pas encore que les corbeaux avaient souillé ma colombe... Aussitôt qu'ils l'ont su, ils se sont tous déchaînés contre moi. Partout on répétait que je savais que Maria se faisait violer par les Chemises noires et que j'avais eu peur d'aller la défendre. Je le savais pas... je le savais pas... je la croyais en sécurité... On m'a traité de lâche... on m'a traité de fou... les enfants du village venaient le crier sous ma fenêtre des dizaines de fois par jour... Je le savais pas... *(Courte pause.)* Pour me venger d'eux, j'ai emmené Maria à l'église pour l'épouser... Je voulais pas qu'elle soit obligée de se cacher toute sa vie comme Tina, Giovanna, Silvia... abandonnées par leurs fiancés... Personne n'est venu au mariage... les volets se refermaient sur notre passage... on a lancé de la boue sur sa robe blanche... et, à l'église, il n'y avait que le curé... Ce village est tellement plus beau depuis que tout le monde est parti.

MARIA. Demain matin, je mettrai mon voile et ma robe blanche et tu me conduiras à l'église pour m'épouser de nouveau, maintenant qu'il n'y a plus personne pour se moquer de nous... et ensuite nous partirons.

FRANCO. Moi, je reste...

MARIA. Je ne pourrai plus t'aimer loin de Nino et Luigi.

FRANCO. Pourtant, tu l'as fait pendant quinze ans...

MARIA. Je serais partie, s'ils étaient venus me chercher avant.

NINO. *(Il entre en courant, tenant la cage avec deux hirondelles.)* J'ai attrapé une autre hirondelle, là, sur le clocher... elles vont vivre maintenant... avec le temps, elles vont en attirer d'autres...

Scène XV

DANIELLE, NINO, LUIGI, FRANCO ET MARIA

Italie, fin des années 1980.

DANIELLE. C'est le temps de partir, Nino.

NINO. Je reste au village avec grand-papa et grand-maman.

LUIGI. Ils vont partir d'ici, eux aussi.

NINO. Grand-papa ne quittera jamais plus son village.

DANIELLE. Nous sommes tes parents… il faut que tu rentres avec nous…

NINO. J'en ai pas de parents, moi… des parents qui s'aiment pas, c'est pas des parents… vous n'avez jamais tenu à moi… vous m'avez jamais compris… j'avais besoin de vous deux… de vous deux ensemble… vous le saviez que c'était ça que je voulais… mais vous m'avez jamais écouté… vous aviez tellement de choses à faire… tellement de choses plus importantes que moi… plus importantes que nous…

Franco et Maria apparaissent.

FRANCO. Je reste.

MARIA. Nous partons.

DANIELLE. Je partirai pas sans Nino.

LUIGI. Partons tous !

FRANCO. Je partirai pas.

MARIA. Je partirai pas sans toi.

NINO. Restons ! Restons tous !

Les adultes parlent tous en même temps et leurs phrases se chevauchent, créant une véritable cacophonie.

FRANCO. Restons ici !

LUIGI. Partons !

NINO. Mais tous ensemble… n'importe où, mais tous ensemble…

RIDEAU

UNA DONNA

Una Donna est une réécriture en profondeur d'*Addolorata*.

LES PERSONNAGES

ANNUNZIATA, la narratrice, 39 ans
DOLORÈS (ANNUNZIATA à 19 ans)
ANNUNZIATA, 29 ans
JOHNNY, 19 ans
GIOVANNI, 29 ans
JIMMY, 19 ans

Johnny et Giovanni doivent être joués par le même comédien.

Première scène

Annunziata

Dix ans après s'être séparée de Giovanni.

Annunziata. *(La narratrice, fixant un carton d'invitation.)* Quelle folie ! *(Long silence.)* Même pas vingt ans… *(Silence.)* « Je veux aller vivre avec papa », qu'il m'a dit… il me l'a dit un après-midi en revenant de l'école… un coup de poignard m'aurait fait moins mal… on était bien avec Anna… on avait déménagé dans un quartier tranquille, à côté de leur école, juste devant un parc… tellement différent de là où on était avant… entre une pizzeria et un poste d'essence… et ce néon qui me rendait folle… ce néon rouge du motel d'en face qui clignotait toute la nuit… ça n'a même pas duré trois ans… jamais j'aurais cru qu'il irait vivre avec son père… moi, j'avais changé de travail… je prenais des cours de secrétariat deux soirs par semaine… j'étais de nouveau amoureuse… on était si bien ! « Je veux aller vivre avec papa »… il a commencé si jeune à traîner dans la salle de billard de son père. Nino qui se marie… quelle folie !

Scène II

DOLORÈS, JOHNNY, ANNUNZIATA ET GIOVANNI

Deux petites tables et deux chaises. Sur chaque table, il y a des envelop-pes et un téléphone. Dolorès lave le plancher. À côté d'elle, il y a un seau d'eau et du récurant Ajax. Johnny entre après quelques instants.

DOLORÈS. *(Surprise.)* Johnny ! Tu m'as fait peur.

JOHNNY. Je voulais venir hier soir, mais j'ai pas pu. Je me suis chicané toute la soirée avec mon père… christ ! Il veut pas que j'invite Jimmy.

DOLORÈS. Il est pas en prison, Jimmy ?

JOHNNY. Il va sortir bientôt… c'est ce que sa sœur m'a dit… *(Il lui donne deux feuilles.)* C'est la liste des invités de notre côté… y en a presque deux cents.

DOLORÈS. *(Sans le regarder.)* Mets-la sur la table.

JOHNNY. *(Agressif.)* Christ ! Je suis là… tu pourrais t'arrêter deux minutes…

DOLORÈS. Ma mère est à l'hôpital, je suis seule à faire le ménage.

(Johnny la prend par la taille, essaie de l'embrasser.)

DOLORÈS. Non, Johnny, non… mon père pourrait rentrer d'une minute à l'autre…

JOHNNY. *(La tenant dans ses bras.)* Christ, dans un mois, tu seras ma femme… viens, on va aller faire un tour d'auto.

DOLORÈS. Je peux pas… il me reste trop de travail à faire.

JOHNNY. Viens… tu finiras demain…

DOLORÈS. Mon père veut que je fasse ça aujourd'hui.

JOHNNY. Tu oublies que je suis presque ton mari… tu diras à ton père qu'il est pas le seul à pouvoir te dire quoi faire.

DOLORÈS. C'est pas pour lui que je le fais… c'est pour ma mère.

JOHNNY. Bon, j'ai compris… je m'en vais… *(Il se frotte les pieds.)* Qu'est-ce que c'est cette poudre blanche sur le plancher ?

DOLORÈS. C'est de l'Ajax. Mon père en a mis partout sur le plancher pour m'obliger à le laver.

JOHNNY. *(Scandalisé.)* Il a fait ça ?

DOLORÈS. Le patron lui fait la même chose à l'usine.

Annunziata entre. Elle prend la place de Dolorès qui sort. Annunziata commence à laver le plancher pendant que Giovanni le saupoudre de récurant.

Scène III

ANNUNZIATA

ANNUNZIATA. *(La narratrice.)* Toujours pareil ! Chaque soir, dès qu'il mettait la clé dans la serrure, on l'entendait fulminer... tous les saints du paradis y passaient en même temps que l'usine, maman et l'émigration... puis il fermait la porte si violemment que le cadre du corridor se décrochait... aussitôt je courais me réfugier dans ma chambre pendant que maman lui apportait les pantoufles qu'il chaussait à moitié et qu'ensuite il faisait glisser jusqu'au salon où il se laissait tomber sur le divan comme un cadavre... je sortais de ma chambre dès que je l'entendais ronfler... parfois je m'assoyais sur le fauteuil face au divan et je regardais son visage sale et bouffi, son ventre flasque qui pendait de la chemise déboutonnée, ses pantalons huileux et puants... je n'arrivais pas à croire que c'était mon père... *(pause)* j'ai souvent souhaité qu'il ne se relève plus...

Scène IV

DOLORÈS ET ANNUNZIATA

Elles sont au téléphone.

DOLORÈS. *(À l'avant-plan, au téléphone.)* Elle est à l'hôpital... au médecin, elle a dit qu'elle était tombée... elle a des bleus plein le visage et une côte brisée... je m'en veux tellement de les avoir laissés seuls... quand je suis à la maison, ça n'arrive jamais... il se contente de crier... de l'insulter...

ANNUNZIATA. *(À l'arrière-plan, au téléphone, elle porte le deuil.)* Elle voulait en finir depuis longtemps... *(pause)* elle était l'aînée... elle n'avait même pas seize ans quand sa mère est morte... *(pause)* pour les autres... oui, elle a toujours vécu pour les autres... avant pour ses frères et après pour moi...

DOLORÈS ET ANNUNZIATA. *(Une porte claque, elles sursautent.)* Je peux plus te parler... il vient de rentrer... je vais te rappeler demain...

Elles raccrochent nerveusement, puis d'une voix chevrotante...

DOLORÈS. C'est toi, papa ?

ANNUNZIATA. C'est toi, Giovanni ?

DOLORÈS ET ANNUNZIATA. Ç'a dû être le vent. *(Courte pause.)*

DOLORÈS. *(Excitée, elle regarde les cartons d'invitation.)* Si tout le monde vient, on sera quatre cents personnes. Quatre cents personnes à mon mariage !

ANNUNZIATA. *(Elle regarde les cartes de remerciement.)* Deux jours à voir défiler des centaines d'hypocrites... ils ont tous fait semblant d'avoir de la peine... s'ils t'avaient vraiment connue, maman, ils seraient venus fêter...

DOLORÈS. Dans un mois, je pourrai faire ce que je veux... tu me verras plus, papa...

ANNUNZIATA. Maintenant que tu n'es plus là, maintenant que tu ne peux plus souffrir, je peux faire ce que je veux... il me verra plus, Giovanni...

DOLORÈS ET ANNUNZIATA. Finalement, je peux faire ce que je veux.

Scène V

DOLORÈS ET JOHNNY

DOLORÈS. Qu'est-ce que tu fais ici ? T'es pas au travail ?

JOHNNY. *(Après un temps.)* J'en ai plus de travail.

DOLORÈS. Encore ?

JOHNNY. T'es comme mon père, toi... tu crois que c'est ma faute...

DOLORÈS. Mais non... mets-toi à ma place... c'est la troisième fois cette année...

JOHNNY. Christ ! Pour une fois que je faisais quelque chose d'intéressant...

DOLORÈS. ... t'en fais pas, Johnny...

JOHNNY. ... j'avais un bureau à moi... avec un téléphone seulement pour moi...

DOLORÈS. ... rappelle-toi les autres fois... t'es jamais resté chômeur longtemps...

JOHNNY. ... c'était moi qui comptais les boîtes qui sortaient de l'usine... c'était moi qui disais aux camionneurs quand ils pouvaient partir... l'expéditeur, c'était moi... je signais pas moins de cinquante autorisations par jour... sans ma signature, personne partait...

DOLORÈS. *(Impressionnée.)* ... t'étais expéditeur ?...

JOHNNY. ... c'était écrit sur ma porte en grosses lettres rouges : Johnny Manzo, expéditeur... pour la première fois de ma vie, je faisais un travail important...

DOLORÈS. Pense plus à ça, Johnny... pense au mariage... on sera tellement beaux !... toi dans ton tuxedo, moi dans ma robe de mariée... je veux être la plus belle des mariées... pour toi... as-tu hâte, Johnny ?...

JOHNNY. Comment on va faire si je travaille pas ?

DOLORÈS. Je vais travailler, moi.

JOHNNY. À temps partiel, à La Baie ?... comment on va faire pour vivre ?... il est pas trop tard... on peut tout annuler...

DOLORÈS. On peut pas, Johnny, on peut pas... tu vas voir... tout va s'arranger...

Scène VI

ANNUNZIATA

ANNUNZIATA. *(La narratrice.)* On s'est vus la première fois à la danse de la Saint-Valentin à l'école... il était tellement timide que son ami Jimmy a dû le tirer par le bras pour qu'il vienne danser avec moi... pendant la première danse, il a regardé par terre sans dire un seul mot... puis il m'a chuchoté qu'il me voyait souvent passer devant chez lui et que sa mère me trouvait très belle... je n'ai dansé avec personne d'autre que lui... avant de partir, il m'a embrassée sur la bouche... il a à peine effleuré mes lèvres avec les siennes, mais j'ai frissonné de tout mon corps... c'était mon premier baiser... j'ai pensé à lui toute la nuit... depuis ce soir-là, je l'ai vu chaque jour, seul ou avec Jimmy... j'aimais ses yeux un peu tristes... ses cheveux frisés... son air effarouché... j'avais seize ans...

Scène VII

JIMMY ET JOHNNY

JIMMY. Personne… personne est venu me voir…

JOHNNY. Je savais pas où t'étais, Jimmy… personne savait où t'étais…

JIMMY. Je savais que Tony, Ricky et tous les autres viendraient pas… mais toi, je t'ai attendu tous les jours… pendant deux semaines… *every fucking day for two damned long weeks…*

JOHNNY. Je l'ai appris la semaine dernière… par ta sœur…

JIMMY. Et t'es pas venu…

JOHNNY. J'allais venir cette semaine…

JIMMY. Tu sais pas comment c'est dur la prison… y a rien de pire que ça… dans ma tête j'entendais seulement les insultes de ma mère : que j'étais un bon à rien… que j'étais un voyou… que je finirais comme mon père… qu'elle maudissait le jour où j'étais né… C'est à ce moment-là que t'as besoin de ton meilleur ami… t'as besoin qu'il vienne te dire que c'est pas vrai… que t'es rien de tout ça… que t'es en prison par accident et que t'es pas à ta place avec des bandits…

JOHNNY. Si j'avais su… ta sœur m'a dit que tu resterais deux mois…

JIMMY. Deux mois ?... je sais pas ce qui serait arrivé si j'étais resté deux mois... t'aurais dû voir le gorille qui était dans ma cellule... tatoué de la tête aux pieds... je l'ai pas entendu dire un seul mot pendant les deux semaines... *not a single word*... il grognait du matin au soir... *a real pig*... au début, j'avais peur... peur de lui... des autres... de la prison... mais, après quelques jours, j'ai ressenti une peur encore plus grande... que j'avais pas vue venir... la peur de sortir... imagine, j'avais peur de sortir... à cause de la honte d'avoir été en prison... à cause de ce que les gens diraient de moi... je pouvais plus m'enlever ça de la tête... j'étais pas capable de dormir... pas capable de manger... je tournais en rond dans ma cellule jour et nuit... j'ai failli devenir fou...

JOHNNY. Christ ! je te l'avais dit de pas travailler pour ces gens-là...

JIMMY. *Fuck !* C'est tout ce que t'as à me dire ?... Je faisais rien de mal... je faisais de la livraison... ils m'ont jamais demandé de faire autre chose... je livrais des colis et des enveloppes... ils m'ont jamais dit ce qu'il y avait dedans... *they never told me, I swear... (Il regarde Johnny intensément. Ce dernier reste muet.) ... Fuck, you don't believe me*... je sens que tu me crois pas... si ton meilleur ami te croit pas, ça sert plus à rien de parler... ça sert plus à rien de dire la vérité...

Scène VIII

DOLORÈS

DOLORÈS. C'est pour Johnny que j'apprends à jouer de la guitare. Je veux lui faire une surprise pendant le voyage de noces. *(Elle chante et joue mal* Guantanamera.*)* Quelle chanson ! J'en ai des frissons. *(Elle soupire.)* Quand je pense que j'ai failli ne pas pouvoir m'inscrire au cours d'espagnol... Avec un nom comme Zanni, on est toujours sur une liste d'attente. Heureusement qu'une anglophone est partie après le premier cours. Les anglophones, c'est connu, ils n'ont pas le don des langues. C'est peut-être pour ça qu'ils ont obligé tant de monde à apprendre la leur. Le professeur d'espagnol ! Il était tellement... *hermoso y caloroso.* Il nous faisait chanter *Guantanamera* au début de chaque cours. *(Elle chante.)* Quatre langues ! Je parle quatre langues ! Avec autant de langues, je peux me marier sans crainte. Avec mes quatre langues, je peux parler l'anglais avec mes cousins et le français avec mes voisins, l'italien avec ma mère et chanter *Guantanamera. (Elle en chante un autre couplet.)* Si seulement je pouvais m'appeler Dolorès ! Annunziata, c'est tellement laid ! Toutes mes cousines ont changé de nom, sauf celle qui vit en Italie. C'est la plus antipathique... une vraie enragée... toujours le mot politique à la bouche. Quand je suis allée au village, l'année dernière, je suis pas sortie plus de deux fois avec elle. Je préférais aller visiter des sanctuaires avec ma tante Rosaria. Le plus beau de tous, c'est celui de Padre Pio. Le jour où on y est allées, il a fait tellement de miracles que j'ai regretté de pas être infirme. Je veux pas dire que les infirmes n'étaient plus infirmes après avoir été bénis par lui... non... les aveugles restaient aveugles et les boiteux continuaient à boiter... mais, après la bénédiction de Padre Pio, ils souriaient... oui... oui... ils souriaient... pour la première fois ils étaient contents d'être infirmes...

Scène IX

ANNUNZIATA

ANNUNZIATA. *(La narratrice.)* Je m'étais juré de ne plus jamais remettre les pieds au village, mais Anna a fini par me convaincre d'y retourner l'été dernier. Elle voulait comprendre pourquoi nous avions émigré. Jamais j'aurais cru qu'un jour je m'entendrais bien avec ma cousine. Nous restions des heures et des heures à parler sur son balcon devant des champs de blé, des bosquets et des vignobles à perte de vue. Une vraie courtepointe ! Quand je pense que je croyais bien parler l'italien avec tous ces vieux mots qu'on n'utilise plus au village et d'autres qu'on ne fait que prononcer à l'italienne. Anna a tellement aimé ma cousine qu'elle a décidé de devenir avocate comme elle. L'autre soir, en regardant les photos du voyage, elle m'a dit qu'elle ne comprenait toujours pas pourquoi nous avons émigré.

Scène X

DOLORÈS, JOHNNY, ANNUNZIATA ET GIOVANNI

Scène de mariage à l'église.

DOLORÈS. On va pas vivre comme nos parents, hein, Johnny ?

JOHNNY. Christ ! Mon tuxedo est trop serré.

DOLORÈS. Tu vas être gentil avec moi, hein, Johnny ?

JOHNNY. Aie pas peur, je suis pas ton père.

DOLORÈS. Tu vas m'ouvrir la porte quand on va aller au restaurant ?

JOHNNY. Tu veux aller au restaurant ? Mais pourquoi ?

DOLORÈS. Laisse faire... *(Musique de circonstance.)* Quelle belle musique !

JOHNNY. Qu'est-ce que t'as dit ?

DOLORÈS. Parle plus fort, je t'entends pas.

JOHNNY. Qu'est-ce que t'as dit ?

DOLORÈS. J'ai dit : parle plus fort, je t'entends pas.

JOHNNY. *(Exaspéré.)* Christ !

DOLORÈS. Johnny ! Fais attention, on est à l'église. *(Déçue.)* Regarde, y a même pas quarante personnes.

JOHNNY. Y a rien à manger, c'est pour ça qu'ils sont pas nombreux.

DOLORÈS. Johnny ?

JOHNNY. Oui ?

DOLORÈS. Tu sais, c'est pas grave si on fait pas de voyage de noces.

JOHNNY. Finalement, t'as compris.

DOLORÈS. Mais peut-être qu'on pourrait... *(Elle hésite.)*

JOHNNY. *(Désagréable.)* ... on pourrait quoi ?...

DOLORÈS. *(Lentement.)* Peut-être que cette nuit... seulement cette nuit... on pourrait aller au château Champlain...

JOHNNY. Es-tu folle ? On vient tout juste de louer un appartement...

(La cérémonie terminée, ils se rendent à la salle de réception. Musique de circonstance.)

DOLORÈS. *(Ravie.)* Regarde le monde !

JOHNNY. Je te l'avais dit qu'ils seraient tous là pour manger.

DOLORÈS. Tu parles comme mon père, Johnny.

JOHNNY. Il y a plus d'enfants que d'adultes. Ils courent déjà partout.

DOLORÈS. Tu parles comme mon père, Johnny.

JOHNNY. Christ ! Regarde ta tante de Toronto, un vrai arbre de Noël avec tous ses bijoux.

DOLORÈS. Tu parles comme mon père, Johnny. Tu parles comme mon père.

Dans leur appartement. Éclairage sur les visages de Dolorès et de Johnny.

JOHNNY. Finalement, on est chez nous !

DOLORÈS. Ç'a été un beau mariage, hein, Johnny ?

JOHNNY. J'avais hâte que ça finisse. Va chercher les enveloppes avec les cadeaux, je veux voir combien d'argent on a.

DOLORÈS. Pas ce soir... ça porte malheur... attendons à demain...

JOHNNY. *(Éclairage sur Annunziata aussi.)* Alors, déshabille-toi.

DOLORÈS. J'ai une surprise pour toi, Johnny.

JOHNNY. Christ ! je vais te déshabiller, moi.

DOLORÈS ET ANNUNZIATA. Attention ! Tu me fais mal.

JOHNNY. Tourne-toi.

ANNUNZIATA. Tu m'as réveillée encore une fois, Giovanni.

GIOVANNI. *(À Annunziata.)* Tu fais toujours semblant de dormir.

DOLORÈS ET ANNUNZIATA. Tu me fais mal.

DOLORÈS. C'est pas comme ça que je l'imaginais.

JOHNNY. Qu'est-ce que je vais raconter à mes amis ? Même pas une fois, christ !

DOLORÈS. Ça me faisait trop mal. *(Courte pause.)* J'ai une surprise pour toi, Johnny.

JOHNNY. Dépêche-toi... je veux dormir...

DOLORÈS. *(Elle chante* Guantanamera *en sanglotant.)* Ne m'appelle plus Annunziata, Johnny... à partir d'aujourd'hui, j'aimerais que tu m'appelles Dolorès. Promets-le-moi. *(Elle l'appelle.)* Johnny ?

ANNUNZIATA. Giovanni ?

DOLORÈS ET ANNUNZIATA. Tu dors déjà ?

Scène XI

ANNUNZIATA

ANNUNZIATA. *(La narratrice.)* Je m'en veux... je m'en voudrai toujours... si j'avais insisté, on l'aurait fait le voyage de noces. C'est comme si, dès le début, on avait pris le mauvais chemin et qu'on n'a jamais su retrouver le bon. Moi, je voulais aller sur la Costa del Sol ou alors en Amérique du Sud... mais je serais allée n'importe où pour le voyage de noces... pour avoir de beaux souvenirs... les premiers... les plus importants... On se le serait raconté souvent... on aurait essayé de revivre les souvenirs les plus beaux chaque fois que ça allait mal... on n'en serait peut-être pas là... Mais le lendemain du mariage on est allés chez les parents de Johnny, ensuite chez les miens et puis encore chez les parents de Johnny et de nouveau chez les miens... On a commencé si mal...

Scène XII

JIMMY ET JOHNNY

JIMMY. *(Après un long silence.)* Quatre cents invités… tous des gens que t'avais jamais vus… que tu vas jamais plus revoir… ils étaient tous à ton mariage… mais y avait pas de place pour moi…

JOHNNY. J'ai pas réussi à convaincre mon père…

JIMMY. *Fuck !* À chaque fête j'étais chez vous…

JOHNNY. Mais il voulait pas te voir au mariage… c'était toi ou lui…

JIMMY. Après tout ce que j'ai fait pour toi… as-tu dit à ton père tout ce que j'ai fait pour toi ?… lui as-tu dit combien de fois je t'ai défendu… lui as-tu au moins raconté la première fois ?… *remember that first time ?*… qu'est-ce qui te serait arrivé si j'avais pas été là ?… t'étais tellement plus petit que tout le monde… t'arrivais même pas à écrire au tableau… et en plus tu disais jamais un mot… tu jouais avec personne… *remember how shy you were ?*… et puis… et puis un jour, dans la cour d'école, pendant que les professeurs étaient en réunion… te rappelles-tu comment tu criais ?… l'as-tu raconté à ton père ?… ils étaient au moins six sur toi… prêts à te déshabiller… à t'obliger à rentrer à la maison tout nu comme ils l'avaient fait au petit Haïtien… seulement parce que t'étais un petit wop… un petit macaroni… parce que tu sentais l'ail… *Who came to free you?… who?… who?…* as-tu dit à ton père qui est venu te libérer?… J'ai jamais reçu autant de coups de poing et de coups de pied de ma vie…

JOHNNY. J'ai tout fait pour te faire inviter…

JIMMY. … depuis ce jour-là, t'as jamais rien fait sans moi… t'as été comme un petit frère… *a real kid brother*… j'aimais ça savoir que quelqu'un avait besoin de moi… on s'était promis de jamais se séparer… de toujours tout faire ensemble… *everything*… on l'avait juré… *fuck!*… comment as-tu pu faire ça?… tu t'es marié et tu m'as pas invité… *how could you do that to me?…*

JOHNNY. Christ, je te l'ai dit… c'était toi ou lui…

JIMMY. Le sans-cœur! Son fils se marie et il invite pas son meilleur ami. Comme si tout à coup j'étais devenu un chien à cause de ces deux semaines… *What a bastard!* Tu sais ce que j'ai fait le jour où tu t'es marié? *You know what I did?* J'ai acheté la salle de billard où j'ai déjà travaillé… j'ai fini par convaincre le patron même si j'avais pas assez d'argent… je finirai de la payer quand j'aurai trouvé un associé… quelqu'un en qui j'ai confiance… *(excité)* pour le moment, la salle de billard est à moi… *it belongs to me alone, to nobody else*… c'est moi qui ouvre la porte le matin… c'est moi qui décide quand fermer… j'ai enfin une salle de billard!

Scène XIII

Annunziata

Annunziata. *(La narratrice.)* Nos maisons longeaient la plus grande carrière de la ville et étaient secouées au rythme des dynamitages. Celle de Jimmy faisait face à la mienne et celle de Johnny était un peu plus loin, tout près de l'école où on entrait au premier coup de dynamite, le matin, et on en sortait au troisième, l'après-midi. Au coin de la rue, il y avait la salle de billard du père de Jimmy. Chaque soir, une bagarre. Une nuit, une explosion a réveillé tout le quartier sans qu'une seule de nos vitres ait vibré. Le lendemain matin, en allant à l'école, j'ai vu que la vitrine de la salle de billard était en mille morceaux et que, sur le mur extérieur, il y avait des traces de fumée. On n'a jamais plus revu le père de Jimmy.

Scène XIV

Dolorès et Johnny

Dolorès. Tu sais à quoi j'ai rêvé, Johnny ? Qu'on était dans un endroit très élégant... une sorte de jardin avec une fontaine au milieu et des rosiers tout autour... on était tous très bien habillés... on saluait tout le monde et tout le monde nous saluait comme si on se connaissait... finalement, nous nous sommes assis à côté d'un couple aussi jeune que nous... on a parlé de voyages, de livres et de films, Johnny... de voyages qu'on n'a jamais faits, de films qu'on n'a jamais vus et de livres qu'on n'a jamais lus... on parlait tellement bien... avec des mots qu'on n'utilise jamais... tu étais si gentil avec moi... si élégant... si doux... et puis tout à coup les gens ont tous regardé dans la même direction... le jeune couple s'est éloigné de nous... personne ne disait plus un mot... tu sais pourquoi ?... tu sais pourquoi ?... essaie de deviner, Johnny, essaie de deviner... *(pause)* parce que Jimmy arrivait en courant, en gesticulant, en criant comme un fou avec ses cheveux huileux, son t-shirt serré, le paquet de cigarettes sur l'épaule et sa grosse chaîne en or... et il t'a sauté dans les bras...

Johnny. Jimmy est mon meilleur ami... ça fait plus de dix ans qu'on se voit presque tous les jours... plus de dix ans qu'on se raconte tout... personne ne me connaît mieux que lui... tu sais ce qu'il me disait très souvent en revenant de l'école ?... Il me disait que, pour lui, j'étais la personne la plus importante... plus que sa mère... plus que sa sœur... personne ne m'a jamais parlé comme ça... personne... même pas toi...

DOLORÈS. J'ai tellement peur, Johnny… j'ai tellement peur…

JOHNNY. Peur de quoi ?

DOLORÈS. Jimmy est si important pour toi… tu passes plus de temps avec lui qu'avec moi…

JOHNNY. Jimmy a besoin de moi.

DOLORÈS. Aussitôt que tu auras trouvé un travail, on va changer de quartier.

JOHNNY. Pas la peine… je travaille déjà…

DOLORÈS. Tu travailles déjà ? Et tu m'as rien dit ?

JOHNNY. J'attendais de voir si j'aimerais ça.

DOLORÈS. Je m'en doutais… tu travailles avec… avec lui…

JOHNNY. Je suis son associé.

DOLORÈS. *(Essayant de contenir sa colère.)* Ça veut dire… ça veut dire… il était à moi aussi cet argent-là…

JOHNNY. Je pouvais pas laisser passer cette occasion… il fallait que je décide vite… y en avait deux autres qui voulaient s'associer avec Jimmy… je travaille enfin à mon compte… personne ne pourra plus me mettre à la porte… personne ne pourra plus m'humilier… je suis mon propre patron…

DOLORÈS. Tu seras ton propre patron longtemps… très longtemps… jusqu'à trois heures du matin… chaque jour… sept jours par semaine… qu'est-ce qui va nous arriver ?…

Scène XV

ANNUNZIATA

ANNUNZIATA. *(La narratrice.)* Je l'avais jamais vu aussi heureux. Au début, il rentrait toujours tôt le soir. On passait toutes nos soirées au lit. Parfois, on oubliait même de souper. Il me parlait souvent de ses clients, surtout des plus vieux, qui lui racontaient leur vie pendant des heures et des heures comme il aurait voulu que son père le fasse... Depuis que je lui avais dit que je croyais être enceinte, il était même d'accord pour changer de quartier... il m'avait aussi promis de faire un voyage le plus tôt possible... Je ne me souviens pas d'avoir été malheureuse pendant ces premiers mois... Puis, un soir, il est rentré plus tard que d'habitude... il avait la chemise déchirée... un œil au beurre noir... une lèvre qui saignait... il s'est enfermé dans la salle de bain et a pleuré toute la soirée... *(Pause.)* Il s'était battu avec Jimmy... son meilleur ami... son meilleur ami lui avait menti... l'avait trahi... *(Pause.)* Jimmy n'avait pas donné un sou pour la salle de billard... il s'était entendu avec le propriétaire pour soutirer l'argent des cadeaux de mariage à Johnny...

Scène XVI

ANNUNZIATA ET GIOVANNI

ANNUNZIATA. Déjà rentré ? D'habitude, à cette heure-ci, tu es dans ton chic café.

GIOVANNI. Tu portes déjà plus ta robe noire ?

ANNUNZIATA. Un mois de deuil, c'est assez.

GIOVANNI. Déjà un mois... *(Pause.)* Un mois que tu couches dans la chambre d'Anna...

ANNUNZIATA. Elle fait des cauchemars depuis que sa grand-mère est morte...

GIOVANNI. T'as toujours une bonne excuse...

ANNUNZIATA. Y a pas beaucoup de femmes qui acceptent d'être réveillées à trois heures du matin.

GIOVANNI. Sauf celles qui aiment leur mari...

ANNUNZIATA. Anna va rentrer d'une minute à l'autre...

Giovanni fait un pas vers elle... Annunziata s'éloigne. Même jeu deux ou trois fois.

GIOVANNI. J'ai reçu un appel de la banque... y a pas assez d'argent pour le paiement de l'hypothèque...

ANNUNZIATA. C'est pas la première fois.

GIOVANNI. *(Agressif.)* Mais c'est la première fois que tu déposes pas ton chèque de paye.

ANNUNZIATA. Je croyais que la fortune que tu gagnes était suffisante.

GIOVANNI. *(Il lève la voix.)* C'est mon pire mois de l'année… tout le monde est en vacances…

ANNUNZIATA. Sauf nous… Quelle bonne idée d'avoir acheté une salle de billard !

GIOVANNI. Le reste de l'année, je gagne autant que toi.

ANNUNZIATA. Je travaille pas quinze heures par jour, moi…

GIOVANNI. Et moi, je travaille pas à la pièce comme toi… *(Agressif.)* C'est ça, être immigrant…

ANNUNZIATA. C'est à cause de toi que je me retrouve en usine… j'aurais jamais dû t'écouter… j'aurais dû continuer à travailler comme vendeuse…

GIOVANNI. *(L'interrompant.)* … tu travaillais deux jours par semaine…

ANNUNZIATA. … avec le temps, j'aurais travaillé des semaines entières… aujourd'hui, je serais vendeuse dans un grand magasin… je travaillerais dans un endroit propre… avec du monde propre… au lieu d'être clouée à ma machine à coudre… pour un salaire de misère... cinquante semaines par année... entourée de dizaines de machines à coudre... dans un immeuble de quinze étages de machines à coudre... tu peux pas imaginer le bruit que ça fait... c'est comme si j'en avais une en permanence dans chaque oreille... ça n'arrête jamais... même pas quand je dors... ça va finir par me rendre folle...

GIOVANNI. Si l'émigration avait été une bonne chose, on l'aurait pas laissée à des gens comme nous. C'est la même chose pour ton travail et le mien... si c'était agréable et payant, c'est pas nous qui le ferions.

ANNUNZIATA. Je vais la quitter cette maudite usine... je vais la quitter plus tôt que tu ne le penses...

GIOVANNI. Si t'aimes pas travailler en usine, fais-toi apporter le travail à la maison... ma sœur le fait depuis dix ans... pourquoi tu le ferais pas, toi ?

ANNUNZIATA. Je ferai jamais ça à mes enfants... je les ferai pas vivre dans la poussière et les guenilles.

GIOVANNI. Cesse de rêver et va déposer ton chèque de paye à la banque.

ANNUNZIATA. Le chèque y est déjà, mais dans mon compte.

GIOVANNI. Dans ton compte ?

ANNUNZIATA. *(Après un long silence.)* Je m'en vais, Giovanni.

GIOVANNI. *(Incrédule et moqueur.)* Tu t'en vas ? Où vas-tu aller ?

ANNUNZIATA. Loin de toi... loin d'ici...

GIOVANNI. *(Incrédule.)* On est mariés depuis dix ans... *(il fait un pas vers elle, elle recule comme si elle avait peur)* on a deux enfants... *(il fait encore quelques pas vers elle, elle ne peut plus reculer)* une maison presque payée... *(Il la prend par la taille avec force, l'embrasse, essaie de la déshabiller...)*

ANNUNZIATA. *(Elle se débat.)* Fais pas ça, Giovanni... fais pas ça...

GIOVANNI. *(Il insiste.)* Je suis ton mari... je suis ton mari...

ANNUNZIATA. Tu ne l'es plus, Giovanni... tu ne l'es plus...

Giovanni, interloqué, lâche prise petit à petit.

Scène XVII

ANNUNZIATA

ANNUNZIATA. *(La narratrice.)* Maman ne s'était jamais doutée de rien. J'ai toujours réussi à lui cacher que j'étais malheureuse, que j'en pouvais plus… elle n'a jamais su qu'il m'avait battue plus d'une fois… toujours pour une question d'argent… je dépensais toujours trop pour moi et pour les enfants… j'aurais dû le quitter bien avant… mais je pouvais pas… maman était trop malade… elle réussissait à peine à rester debout quelques heures par jour… la seule chose qui la gardait en vie, c'était nous : Anna, Nino et moi… elle nous croyait heureux… Giovanni, elle le voyait presque jamais.
Puis il y a eu le soir où je suis allée lui tenir compagnie parce que mon père était retenu à l'usine… elle m'a encore une fois raconté sa vie… elle s'entendait bien avec mon père au village… c'était un homme comme les autres… un peu plus âgé qu'elle… que plus d'une femme aurait épousé… mais tout a changé peu de temps après notre arrivée ici… la première semaine, il a pleuré tous les soirs en revenant de l'usine… il l'appelait sa galère, sa prison, sa condamnation… en quelques mois, il était devenu méconnaissable… ne voyait plus personne… était toujours en colère… il ne faisait que travailler, boire et dormir… puis un jour… *(pause)* je suis partie juste avant qu'elle me raconte comment il l'avait battue la première fois… enceinte… et comment elle ne s'est jamais remise de sa fausse couche…
Le lendemain matin, je lui ai téléphoné comme d'habitude, avant d'aller travailler… elle n'a pas répondu… j'ai réessayé

une dizaine de fois... toujours pas de réponse... j'ai couru jusque chez elle et je l'ai trouvée étendue sur le lit... elle ne respirait plus... pour une fois, son visage était serein, presque souriant... je me suis couchée à côté d'elle et je suis restée longtemps sans bouger, ma joue sur sa main encore chaude.

Scène XVIII

ANNUNZIATA ET GIOVANNI

ANNUNZIATA. *(Elle porte une valise qu'elle dépose momentanément.)* Les enfants sont chez tes parents. Je voulais leur épargner cette scène.

GIOVANNI. Je t'avertis... si tu sors d'ici, tu n'y entreras jamais plus... tu n'auras rien...

ANNUNZIATA. Je ne veux rien... je veux oublier que j'ai vécu ici...

GIOVANNI. *(Ébranlé, après une longue pause.)* Tu m'as jamais aimé...

ANNUNZIATA. *(Presque affectueuse.)* Comment peux-tu dire ça ?

GIOVANNI. Si tu m'avais aimé, tu aurais été contente de me voir faire un travail qui me plaît...

ANNUNZIATA. Je l'ai été, au tout début...

GIOVANNI. Tu aurais dû l'être après aussi... parce que j'avais pas le choix... *(Pause.)* J'ai été naïf... trop naïf... tu t'es servie de moi pour te libérer de ton père... et moi, je me suis laissé prendre au piège... *(Pause.)* T'as tellement insisté pour qu'on se marie... si je m'étais pas marié à dix-neuf ans, j'aurais pu apprendre un vrai métier... j'aurais mené une vie normale...

j'aurais pas fait que travailler... *(Pause.)* Je vivrais avec une femme qui m'aimerait...

ANNUNZIATA. Tu es le père de mes enfants, Giovanni... je peux pas les aimer sans aimer ce qu'ils ont de toi... mais ne me demande pas de t'aimer plus que ça...

GIOVANNI. Si ç'a été possible au début, ça peut l'être encore...

ANNUNZIATA. Ç'a été si court... et il y a si longtemps...

GIOVANNI. On n'y pouvait rien... on n'y peut jamais rien...

ANNUNZIATA. C'est pas vrai qu'on n'y peut rien... je ne veux plus vivre en pensant que, dans dix ans, dans vingt ans, ce sera comme aujourd'hui... j'ai besoin de croire que je peux changer des choses dans ma vie... je veux au moins donner ça à Anna et à Nino... si je reste, on finira par faire une famille pire que celles qu'on a quittées.

GIOVANNI. Tu pars vraiment?... qu'est-ce que j'ai fait de si grave?... il y a des dizaines de femmes dans le quartier qui vivent pas mieux que toi... y en a aucune qui quitte son mari...

ANNUNZIATA. Parce qu'elles croient que l'amour des enfants suffit pour vivre... suffit pour être heureuse...

GIOVANNI. *(À court d'arguments.)* Ton père... as-tu pensé à ton père?... il vient tout juste d'enterrer ta mère...

ANNUNZIATA. Il saura que je l'ai quitté deux fois... à dix années d'intervalle...

GIOVANNI. *(Désespéré.)* Donne-moi un peu de temps… je vais changer… je te le promets… je vais changer…

ANNUNZIATA. Tu réussiras plus facilement sans moi.

Elle prend la valise et sort.

GIOVANNI. Qu'est-ce que je vais faire tout seul ?… je peux pas vivre seul… j'ai besoin de savoir qu'il y a quelqu'un à la maison qui m'attend… qu'est-ce que je vais faire tout seul ?…

Scène XIX

ANNUNZIATA

ANNUNZIATA. *(La narratrice, fixant le carton d'invitation.)* Quelle folie ! J'aurais préféré qu'il ne m'invite pas.

RIDEAU

TABLE

CET OUVRAGE COMPOSÉ EN PERPETUA CORPS 12
A ÉTÉ ACHEVÉ D'IMPRIMER
LE DIX-SEPT FÉVRIER DEUX MILLE CINQ
SUR LES PRESSES DE TRANSCONTINENTAL
POUR LE COMPTE DE
VLB ÉDITEUR.

IMPRIMÉ AU QUÉBEC (CANADA)